www.kidkiddos.com

Copyright©2015 by S. A. Publishing ©2017 by KidKiddos Books Ltd.

support@kidkiddos.com

Translated from English by Yuliia Vereta
З англійської переклала Юлія Верета
Ukrainian editing by Oksana Kogut
Українською відредагувала Оксана Когут

Library and Archives Canada Cataloguing in Publication Data
The Wheels: The Friendship Race (Ukrainian English Bilingual Edition)
ISBN: 978-1-5259-3362-2 paperback
ISBN: 978-1-5259-3363-9 hardcover
ISBN: 978-1-5259-3361-5 eBook

Please note that the Ukrainian and English versions of the story have been written to be as close as possible. However, in some cases they differ in order to accommodate nuances and fluidity of each language.

Друзі на колесах

Гонка друзів

The Wheels

The Friendship

Інна Нусінскі
Ілюстратор: Майкл Джей Рок

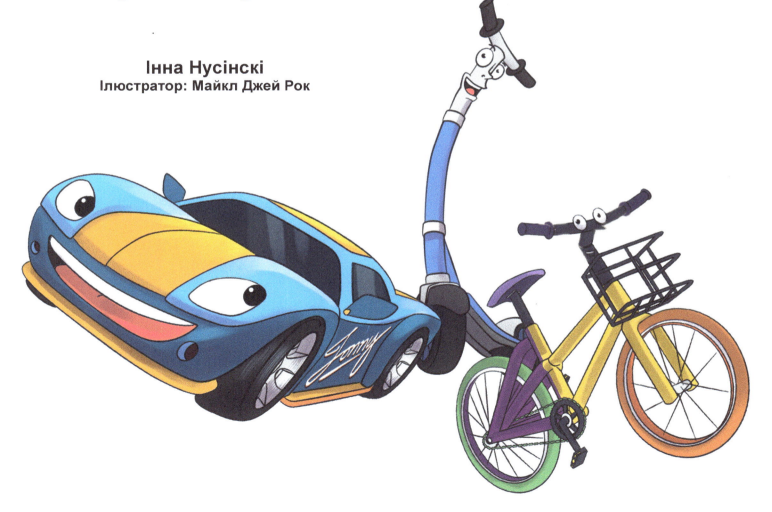

Автомобільчик Джонні дивився на своє відображення у вітрині. Який же він гарний! І який швидкий - він би обігнав навіть гоночну машину!

Jonny the car looked at himself in the shop window. How handsome he was! And what speed – he could beat even race cars!

– Я гордість усієї округи! – вигукнув він.
"I'm the pride of the neighborhood," he yelled.

Але тут його мрії перервав звук гальм.
Just then, two braking sounds broke his daydream.

Це були його друзі: велосипед Майк і самокат Скотт.
There were his friends: Mike the bike and Scott the scooter.

– Привіт Джонні! – сказали вони. – Чим займаєшся?
"Hey Jonny!" his friends said. "What's up?"

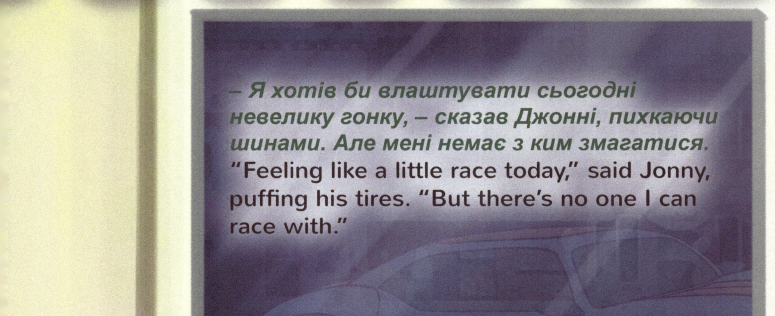

– Я хотів би влаштувати сьогодні невелику гонку, – сказав Джонні, пихкаючи шинами. Але мені немає з ким змагатися.

"Feeling like a little race today," said Jonny, puffing his tires. "But there's no one I can race with."

– Ми можемо змагатися з тобою в гонках! – схвильовано сказав Майк.
"We can race with you!" said Mike with excitement.

– Для цього і потрібні друзі! – додав Скотт.
"That's what friends are for!" added Scott.

Джонні не виявив особливого ентузіазму. - М-м-м... чемпіон потребує рівного суперника.
Jonny didn't show much enthusiasm. "Mmm...
A champion needs an equal to compete with."

Майк і Скотт переглянулися.
Mike and Scott looked at each other.

– Хіба ми не хороші? – запитав Майк.
"Are we not good?" asked Mike.

– О, ви хороші, – Джонні скорчив гримасу у віконному склі. – Але недостатньо хороші.
"Oh, you're good," Jonny made a face in the glass window. "But not good enough."

– Гаразд, Джонні, – сказав Скотт. – Ми викликаємо тебе на гонку прямо зараз! Нумо поїдемо Горбастою Дорогою і подивимося, хто фінішує першим.

"Okay, Jonny," said Scott. "We challenge you to a race right now! Let's do Hill Road and see who finishes first."

Джонні з усмішкою подивився на нього.

Jonny considered it with a smirk.

Коли вони дісталися до Горбастої Дороги, почалася гонка.

As they reached Hill Road, the race began.

Дорога починалася з крутого підйому. Джонні заревів і через кілька секунд уже був на схилі.

It started with a steep climb. Jonny roared and in seconds was over the incline.

Велосипед Майк був уже на півдорозі... але бідний Скотт скутер пихтів і крехтів, повільно піднімаючись угору.

Mike the bike was already half way... But poor Scott the scooter was huffing and puffing, slowly climbing up.

Джонні дістався до пагорба і зупинився. Він подивився в дзеркало заднього виду - його друзі залишилися далеко позаду.

Jonny reached the hill and stopped. He looked at the rearview mirror – his friends were far behind.

Йому було нудно. Принаймні музика по радіо була хорошою! Він заплющив очі і почав рухатися в такт музиці.

He was bored. At least the music on the radio was good! He closed his eyes and started moving to the beat.

Раптом щось просвистіло повз нього. Там був тільки дим. Майк?

Suddenly, something whirred past him. There was only smoke. Mike?

Перш ніж він встиг сказати хоч слово, повз пронеслося ще щось. Джонні подивився крізь дим, що розсіювався, - це був Скотт!

Before he could say a word something else went by. Jonny looked through the disappearing smoke — that was Scott racing ahead!

Ні за що! Тепер він запанікував. Він повинен перемогти!

No way! Now he panicked. He should win!

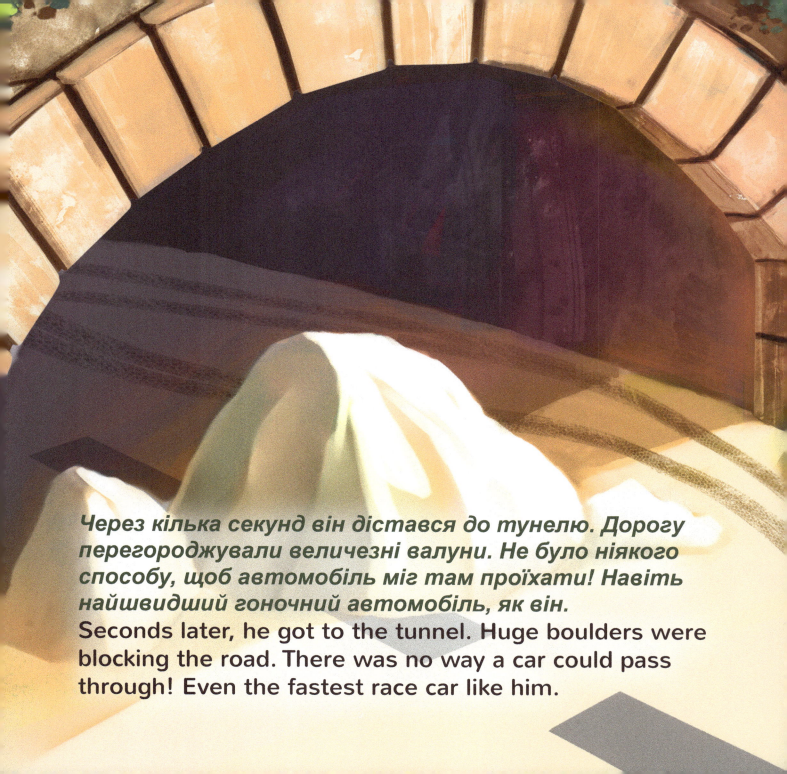

Через кілька секунд він дістався до тунелю. Дорогу перегороджували величезні валуни. Не було ніякого способу, щоб автомобіль міг там проїхати! Навіть найшвидший гоночний автомобіль, як він.

Seconds later, he got to the tunnel. Huge boulders were blocking the road. There was no way a car could pass through! Even the fastest race car like him.

Але потім він побачив сліди шин Майка і Скотта. Вони проїхали між кам'яними валунами! Джонні зітхнув.

But then, he saw the tire marks of both Mike and Scott. They had negotiated their way around the stone boulders! Jonny sighed.

Тим часом Майк виїхав з іншого боку тунелю. Він був попереду.

Meanwhile, Mike came out on the other side of the tunnel. He was leading.

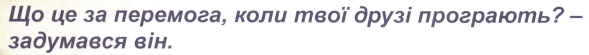

*Що це за перемога, коли твої друзі програють? –
задумався він.*
What kind of a win is that when your friends lose?
he thought.

*Через кілька секунд Скотт опинився
поруч з ним.*
In seconds, Scott was next to him.

*– Чому ти зупинився, Майк? – запитав
він. – Ти міг би виграти гонку!*
"Why did you stop, Mike?" he asked.
"You could've won the race!"

*– Так, але... Джонні може застрягти
там.... – сказав Майк, озираючись і
дивлячись у напрямку до тунелю.*
"Yeah but... Jonny could be stuck back
there...." said Mike, looking towards the
tunnel.

На мить запанувала тиша.
A moment of silence passed by.

– Може, підемо його провідаємо? – запитав Скотт.
"Shall we go check on him?" Scott asked.

На обличчі Майка з'явилася посмішка.
– Ходімо! – крикнув він і повернув назад.
A smile formed on Mike's face. "Let's go!" he yelled and turned back.

Джонні було сумно біля заблокованого тунелю. Не тому, що він програвав гонку, а тому, що був самотній.

At the blocked tunnel, Jonny was sad. Not because he was losing the race but because he was lonely.

Раптом почувся звук коліс. Це були Скотт і Майк!

Suddenly — sound of wheels. It was Scott and Mike!

– Майк, давай зрушимо ці валуни, щоб Джонні міг проїхати, – сказав Скотт.

"Mike, let's move these boulders so Jonny can pass," said Scott.

Друзі почали працювати разом, відсуваючи каміння з дороги.

The friends started to work together, pushing the rocks out of the way.

Це було нелегко, але вони всі штовхали і штовхали, і незабаром Джонні зміг протиснутися всередину.
It wasn't easy, but they nudged and nudged and soon there was enough space for Jonny to squeeze through.

Хихикаючи, вони дісталися до кінця Хілл-роуд.
Giggling, they reached the end of Hill Road.

– Ми виграли гонку – усі ми! – вигукнули Майк і Скотт.
"We've won the race—all of us!" exclaimed Mike and Scott.

Тільки Джонні мовчав.
– Я погано поводився з вами, – зізнався він. – Я пізно зрозумів, хлопці, що разом ми можемо зробити набагато більше. Спасибі вам, друзі, що допомогли мені це зрозуміти!

Only Jonny was quiet. "I behaved badly with you," he admitted. "I realized it late, guys, that together we can do much more. Thank you, my friends, for helping me understand that!"

Раптом пролунали оплески, що вітали цю чудову компанію трьох приголомшливих друзів…

Suddenly, there was applause and cheering for the wonderful bunch of three terrific friends…

Друзів, які зрозуміли, що жоден з них не був такий хороший, як усі вони разом взяті.

Friends who discovered that none of them was as good as all of them.

Lightning Source UK Ltd.
Milton Keynes UK
UKHW021022270422
402067UK00005B/17